CONCORDANCE

DES

SCIENCES NATURELLES

ET PRINCIPALEMENT

DE LA GÉOLOGIE AVEC LA GÉNÈSE

BASÉE

SUR LES OPINIONS DES PÈRES DE L'ÉGLISE ET DES PLUS DISTINGUÉS THÉOLOGIENS.

EXTRAIT

D'UN OUVRAGE DU

MARÉCHAL MARQUIS DE SALDANHA

SUR LA PHILOSOPHIE DE SCHELLING.

CONCORDANCE

DES

SCIENCES NATURELLES

ET PRINCIPALEMENT

DE LA GÉOLOGIE AVEC LA GÉNÈSE.

CONCORDANCE

DES
SCIENCES NATURELLES

ET PRINCIPALEMENT

DE LA GÉOLOGIE AVEC LA GÉNÈSE,

BASÉE

SUR LES OPINIONS DES PÈRES DE L'ÉGLISE ET DES
PLUS DISTINGUÉS THÉOLOGIENS.

EXTRAIT

D'UN OUVRAGE DU

MARÉCHAL MARQUIS DE SALDANHA

SUR LA PHILOSOPHIE DE SCHELLING.

VIENNE.
IMPRIMÉ CHEZ LES PP. MECHITARISTES.
1845.

La nature est devenue par le Christianisme un symbole du Divin, et comme symbole de tous les symboles, elle est pleine de mystères, dont l'interprétation est le labeur des siècles. C'est le pressentiment du Divin et le devoir de l'homme, qui s'annonce dans son coeur, qui dans les derniers temps ont excité ce grand enthousiasme pour l'étude des sciences naturelles; et dans leurs infatigables recherches, les savants naturalistes adorent constamment le Dieu Tout-puissant, Créateur de l'Univers.

La Bible est la parole de Dieu; les phénomènes naturels émanent de Dieu; entre la parole de Dieu, et le résultat des découvertes sur la nature de son ouvrage, la divergence est impossible; et conséquemment, ceux qui croient dans l'origine sacrée de la Bible et en Dieu, comme Créateur de l'Univers, ne peuvent pas avoir de la répugnance pour la science qui a pour but de scruter les secrets de la nature.

Si quelques personnes zélées pour l'intérêt de la religion ont fait voir leurs craintes à cet égard, on ne peut pas supposer qu'elles eussent en vue la vraie science, mais bien les égarements involontaires des savants, et les inductions erronées que ces égarements pouvaient occasionner, et plus que tout, les individus qui, à peine initiés dans les sciences, trouvent plus commode de donner des ailes à leur imagination que de se sacrifier à une profonde étude de la nature. Voltaire, par exemple, „ce mauvais génie, qui est venu rire d'un rire de démon sur les maux de l'humanité, et qui a déshonoré l'espèce humaine" *), traitait les sciences naturelles avec la même bonne foi et profondité avec lesquelles il a critiqué Camoens, en lui attribuant des défauts qui n'ont jamais existé dans les Lusiades. Sans les avoir jamais vus, sans savoir le portugais, étant à Londres pour faire imprimer son Essai sur la Poésie épique, le Colonel Blandon, traducteur des Commentaires de César, lui prêta

---

*) Mot célèbre de l'honnête homme et vrai philosophe Thomas à propos de Candide.

la déplorable traduction de Fanschaw; et en moins de quinze jours il publia sa critique sur les beautés et les défauts d'un poème, qui contient 8816 vers, et écrit dans une langue qu'il n'a jamais comprise. De la même manière il donnait sans hésitation la solution à toutes les questions; parce qu'il se piquait surtout qu'on ne doutât point et de la généralité et de l'étendue de ses connaissances. L'apparition de coquilles de mollusques marins dans les Alpes fut exqliquée ex Cathédra par Voltaire, qui n'hésita pas à déclarer que l'existence et l'accumulation de ces coquilles dans l'interieur des pays provenait de ce que les Pélerins les y jetaient en retournant de leurs pélerinages *). Qu'est-ce

---

*) Dans la page **97** des „Principles of Geology by Charles Lyell 5me. édition" on lit: Lui, Voltaire, quelquefois en dépit de toute consistance, changeait de terrain, quand il s'adressait aux masses; et admettant la vraie nature des coquilles recueillies dans les Alpes et autre part, il soutenait qu'elles avaient tombé des chapeaux des pélerins en revenant de la Syrie. Les nombreux essais qu'il a écrits sur la Géologie, sont calculés pour don-

que dirait Voltaire, s'il ressuscitait, en apprenant que tant de régions, les Bassins de Paris, de Londres, de Vienne, par exemple, ont principalement pour base des couches de mollusques marins alternées avec des couches de mollusques d'eau douce. Tels étaient les jugements de ce mauvais génie; et dans l'époque où il dominait, on devait bien craindre le résultat des découvertes faites sous de tels auspices. Mais, grâce à l'état des sciences, les causes qui ont fait jadis considérer les sciences naturelles comme opposées à la religion révélée, ont complètement disparu. La Géologie, cette science de notre siècle, a été, par l'état des sciences subsidiaires, long-temps enveloppée dans les régions de l'imagination, sans avoir des faits qui lui permissent d'établir ses conclusions sur la ferme base de l'induction philosophique, et a été considérée à son commencement comme hostile à la religion révélée; mais, appuyée sur la Physique, et

---

ner de la force aux préjugés, autant parce qu'il ignorait le véritable état de la science, comme par sa mauvaise foi.

à l'aide des découvertes récentes dans la Minéra-
logie, la Chimie, la Botanique, la Zoologie et
l'Anatomie comparée, elle a fait de tels progrès qu'elle est maintenant considérée comme
un puissant auxiliaire pour exalter notre conviction sur le Pouvoir, la Sagesse et la Bonté
du Tout-puissant.

Que diraient les Coryphées de l'incrédulité
du siècle passé, s'il leur fût permis de voir aujourd'hui la Géologie, s'élevant comme une co-
lonne dans laquelle se trouve gravée, avec des
caractères immortels, la parfaite coïncidence de
la Génèse avec les observations sur la nature et
sur la formation de notre globe.

Toutes les personnes vraiment instruites
dans cette branche des sciences naturelles, et
qui vénèrent réellement avec sincérité la divine
philosophie du Calvaire, tous les Géologues chrétiens de l'Italie, de la France, de l'Allemagne,
et presque tous ceux de l'Angleterre, ont démontré l'harmonie de la Génèse avec les découvertes modernes, faisant voir que le mot hébraïque יום-yom, qu'on traduit par —jour—, veut
dire vraiment une durée de temps quelconque,

et qu'il est aussi exact de le traduire par —
jour —, comme par — siècle — ou par — milliers de siècles —; et ils considèrent en conséquence les six époques de la création, non comme six jours, mais comme six durées de temps, chacune desquelles contenait le nombre de siècles nécessaire pour que les difleréntes formations des divers terrains eussent pu se former selon l'ordre naturel.

Nous ne nous servirons point de cet argument *); nous ferons voir que très profondes et

---

*) Le désir de baser nos observations sur d'anciennes opinions des SS. Pères, Docteurs de l'Église, et des plus respectables Théologiens, opinions qu'ils ont discutées et soutenues avec les plus profondes connaissances et le zèle le plus ardent pour la religion, est la seule raison qui nous décide à ne pas faire usage de cet argument. Il nous paraît cependant qu'il recevrait encore plus de force si, en prenant en considération les mots de Moïse „factum est respere et mane dies unus," et sans oublier que les Hébreux commençaient à compter le jour par la nuit antécédente (usage d'autant plus important si nous observons qu'il a continué et a été approuvée par Moïse, si non institué par lui-même, après qu'il eut conduit le peuple hébreu hors de

très souvent répétées ont été les discussions des
Docteurs de l'Église et des plus célèbres Théolo-

---

l'Égypte, et en opposition aux Égyptiens, qui comp-
taient le commencement du jour dès le midi), on
discuterait et on comparerait les opinions et les
hypothèses de Theodorus Mopsuestenus, apud Joan-
nem Philoponum lib. 2. de Mundi Opificio cap. 18 —;
Victorinus Afer, inter opusc. Dogm. ed. a P. Fir-
mio, pag. 196 —; S. Augustin, sermo 79 de Di-
versis —; S. Chrysostôme, Hom. V in Genesim,
pag. 28 —; et S. Basile, Hom. 2. in Hexaëmeron,
pag. 26. —

Nous ne laisserons pas cependant de citer en fa-
veur de cet argument ce que dit ***Petavius***, dans
le §. 4. C. 5. Lib. I. de Opificio sex dierum: *„Ve-*
rum dies ibi pro tempore vel spatio simpliciter
sumitur: sive pro diebus; ut plerisque placet.
Nam singularis pro plurali saepe in Scriptura
ponitur — Mais le mot „jour“ est pris simplement pour „temps ou espace“ ou plutôt pour „jours“
comme mieux croient la plus grande partie (des
Théologiens). Parce que dans l'Écriture le sin-
gulier est souvent employé pour le pluriel.“ —
Effectivement, nous voyons le mot יוֹם -yom employé
dans le texte hébraïque et traduit dans la Vulgate:
1°· comme temps, dans le livre de Job Ch. 24. V. 1.
et dans le livre de Amos Ch. 4. V. 2. — 2°· comme
une espèce de pléonasme, exprimant dans ce cas
durée de temps, Jérémie Ch. 28. VV. 3 et 11;

giens sur le sens pur et propre du premier chapitre de la Génèse, et nous sommes sûrs que
personne ne laissera d'être d'accord avec **Theo-
philus Antiochenus,** quand il dit dans le
livre second „ad Autolycum": „τῆς μὲν οὖν ἑξαη-
μέρου οὐδεὶς ἀνθρώπων δυνατὸς κατ' ἀξίαν τὴν
ἐξήγησιν, καὶ τὴν οἰκονομίαν πᾶσαν ἐξειπεῖν, οὐδ'
εἰ μυρία σώματα ἔχοι, καὶ μυρίας γλώσσας: ἀλλ'
οὐδὲ εἰ μυρίοις ἔτεσι βιώσειτις ἐπιδημῶν ἐν τῷ δε
τῷ βίῳ, οὐδέ οὕτως ἔσαι ἱκανὸς πρὸς ταῦτα ἀξίως
τι εἰπεῖν, διὰ τὸ ὑπερβάλλον μέγεθος, καὶ τὸν
πλοῦτον τῆς σοφίας τοῦ Θεοῦ τῆς οὔσης ἐν ταύτῃ
τῇ προγεγραμμένῃ ἑξαημέρῳ — *Personne au
monde ne peut faire l'exposition de la narration et de la disposition des six jours d'une*

Daniel Chap. 10. VV. 2 et 3. — 3⁰ comme année
ou années, dans la Génèse Ch. 5. VV 12 et 26;
et dans les Paralipomènes liv. 2. Ch. 21. V. 19. —
4⁰ comme succession d'années, dans le livre des
Juges Ch. 11. V. 40; Ch. 17 V. 10; et Ch. 21.
V. 19. — D'après ce que nous venons d'exposer,
il nous paraît évident que sans le moindre scrupule
on peut prendre le mot יום-yom dans le sens que
lui donnent les Géologues chrétiens.

manière qui corresponde à sa dignité; quand même il eût une infinité de bouches et de langues, quand même il passât des années innombrables dans cette vie, en prêchant toujours au peuple, il ne serait pas capable d' en expliquer le contenu d' une manière convenable, à cause de sa sublime majesté, et à cause des abondantes richesses de divine sagesse qui existent dans sa disposition".

La question que nous allons discuter (et à laquelle dès 1839 nous avons souvent donné toute la considération dont nous sommes capables) est d' une si grande importance que nous regardons comme indispensable de faire connaître quelques opinions des Pères de l' Église et des plus célèbres Théologiens, afin qu' on ne puisse douter de la respectabilité et de l' orthodoxie de celles que nous adoptons, pour prouver la coincidence des phénomènes observés avec la Génèse; et il n' y a que la nature de cet écrit qui nous oblige à ne pas exposer les raisons qui indépendamment de ce motif nous feraient donner la préférence à ces mêmes opinions.

S. BASILE, Hom. 1ᵉ· pag. 8, détermina quatre acceptions dans lesquelles on peut prendre le mot **in principio.**

1°· *Le commencement du temps.*

2°· *La prémière partie de l'ouvrage par laquelle la fabrication commence.*

3°· *La cause efficiente.*

4°· *La fin pour laquelle une chose se fait.*

ARISTOTE donne au mot „principium" les mêmes significations.

S. AMBROISE, lib. I. de Hexaëm. c. 4, a adopté la seconde acception de S. Basile, et dit: „*In primis fecit Deus coelum et terram, deinde colles, regiones, fines inhabitabiles. — Avant tout Dieu fit le ciel et la terre, après les collines, les régions et les pays habitables* *)"; et il fonde son opinion dans le V. 2. Ch. 12. de l'Exode „*Mensis hic initium est vobis*". S. Am-

---

*) inhabitabiles n'est point négatif, il dérive de inhabitare.

broise croit que cette phrase exprime deux acceptions du temps, l' une postérieure, relative à
l' homme et aux choses créées, l' autre antérieure,
relative à la fondation de la création, c' est-à-dire,
**un temps qui a précédé ce temps du
monde créé** qui commença par le premier
jour de la création.

S. BASILE, Hom. 1. pag. 9. in Hexaëmeron, dit: „ἢ τάχα διὰ τὸ ἀκαριαῖον καὶ ἄχρονον τε
δημιουργίας εἴρηται τὸ, ἐν ἀρχῇ ἐποίησεν ἐπειδή
ἀμερές τι καὶ ἀδιάςατον ἡ ἀρχή, ὡς γὰρ ἡ ἀρχὴ τῆς
ὁδοῦ οὔπω ὁδός, καὶ ἡ ἀρχὴ τῆς οἰκίας οὐκ οἰκία οὕτω
καὶ ἡ τοῦ χρόνου ἀρχὴ οὔπω χρόνος, ἀλλ' οὐδὲ μέρος
αὐτοῦ ἐλάχιςον — *Rapidement et sans in-
tervalles et sans temps il créa,* et par
ce motif on dit „il créa au commencement":
*car le commencement est quelque
chose sans parties et sans distan-
ces;* comme le commencement du chemin
n' est pas le chemin et le commencement de la
maison n' est pas la maison, ainsi le commen-

cement du temps n' est pas le temps, pas même la plus petite partie du temps".

S. AMBROISE, lib. I. Hexaëm. c. 4, en interprétant S. Basile, dit: „*In principio, id est* **ante tempus** — *au commencement, c' est-à-dire* **avant le temps**".

PETAVIUS, dans le §. 3 C. II. L. I. de Opificio sex dierum, dit: „*Neque vero si coeli ac terrae nomina materiam significant, aliud principii voci subjectum potest esse, quam antecessio aliqua; cum Moyses scribit „In principio creavit Deus coelum et terram" ut ante caetera quae deinceps exposuit, materiam factam esse demonstret — Sans doute, si les noms de ciel et de terre indiquent la matière, le mot „commencement" ne peut avoir d' autre sens que celui d' une antécédence quelconque; et ainsi Moïse, en écrivant „Au commencement Dieu créa le ciel et la terre" démontra* **que la matière avait été faite avant les**

autres choses *dont il fait ensuite l' exposition.*

Un grand nombre des plus célèbres et anciens théologiens ont remarqué, et cherché à expliquer, la raison par laquelle dans le premier vers de la Génèse on ne trouve pas le mot „**dixit**" mais le mot „**creavit**", et que dans les vers suivants l'on trouve le mot „**dixit**" et pas le mot „**creavit**". Tels furent: Theodorus Mopsuestenus, apud Joann. Philoponum lib. I. de Opificio Mundi c. 7. — Théodoret, quaest. 9. in Genesim. — S. Basilius Seleuciensis, Oratione prima, et Hom. II. pag. **25**. — S. Eusèbe, Hom. de Natali Domini. — S. Gregorius Nyssenus, in Hexaëmeron pag. 9. tom. I. — Euthymius Panop. Part. I. Tit. 8. — S. Augustin, lib. **2**. de Genesi ad lit. cap. 6. — Junilius Africanus, pag. **57**.

Nous exposerons humblement l'opinion que nous avons formée, après avoir médité sur ce que ces hommes illustres, que nous venons de mentionner, ont écrit à ce sujet.

1°· Le mot „**dixit**" suppose une chose existante, à laquelle on parle; le mot „**creavit**" suppose uniquement le Créateur. Cette différence de mots indique évidemment un état différent entre l'Univers au commencement, et l'Univers dans les jours suivants.

2°· Le mot „**dixit**" indique la rapidité et la facilité de l'ouvrage, et la grandeur et la majesté de Dieu dans la création.

3°· Le mot „**dixit**" contient en soi quelque chose de déterminé, il parait indiquer une création déterminée; le mot „**creavit**" nous semble exprimer la création absolue, indéterminée.

S. AUGUSTIN, lib. I. de Genesi contra Manichaeos cap. 5, dit: „*Prima materia facta est confusa et informis, unde omnia fierent, quae distincta atque formata sunt: quod credo a Graecis chaos appellari. Sic enim et alio loco legimus dictum in laudibus Dei: Qui fecisti mundum de materia informi. Quod aliqui codices, habent de materia invisa* — **Avant**

tout fut faite la matière confuse et informe, *de laquelle toutes les autres choses ont été formées, et laquelle, je crois, les Grecs appelaient „****chaos****"*. *Ainsi nous lisons quelque part à la louange de Dieu: „Toi, qui a fait le monde d' une matière informe", ce que d' autres Textes (codices) traduisent par matière non vue"*. Dans le même livre, chapitre 7, S. Augustin dit qu' on donnait à cette matière les noms de terre et d' eau.

Dans le lib. XII. confessionum; cc. 6, 8 et 12, dans son livre de Genesi ad lit. imp., et dans le livre premier de Genesi ad lit. perf., S. Augustin soutient encore les mêmes opinions qu' il expose dans les chapitres dont nous venons de parler.

———

S. Isidore, lib. I. de Def. c. 9; — Caesarius, Dialog. I. Interrogat. 51; — Albinus Flaccus, et Origènes, qui croyait également **que la matière informe avait précédé la nature formée**, sont tous d' accord avec S. Augustin.

———

PHILO semble parler de la matière existante avant la création des six jours, quand il dit, dans la page 4, de Mundi Opificio, louant la bonté de Dieu: „οὐν χάριν τῆς ἀρίςης αὐτοῦ φύσεως οὐκ ἐφϑόνησεν οὐσίᾳ μηδὲν ἐξ ἑαυτῆς ἐχούσῃ καλόν, δυναμύῃ δὲ γενέσϑαι πάντα ἦν μὲν γὸρ ἐξ ἑαυτῆς ἄτακτος, ἄποιος, ἄψυχος, ἑτεροιότητος, ἀναρμοςίας, ἀσυμφωνίας μεςί — *Parce qu' il n' enviait pas à la substance, qui par elle-même n' a rien de bon, mais qui peut parvenir à être tout, sa nature parfaite (de Dieu); car elle était d' elle-même privée d' ordre, de qualité, d' âme, et remplie de diversité, de désordre et de discorde"*:

A quelle substance autre que la matière informe, existante avant les six jours, de laquelle parle S. Augustin, pouvait Philo faire allusion?

S. SEVERIANUS, Hom. 1. pag. 590, Tom. 7. Op. Chrysostomi, dit: „πάντων τῶν γενομένων τὴν ὕλην τῇ πρώτῃ ἡμέρᾳ ἐποίησεν — *il*

a fait la matière de toute les cho-
ses dans le premier jour".

S. GREGORIUS NYSSENUS était
d'opinion qu' au commencement ni les choses
mêmes ni les corps n' existaient pas, **mais les
semences des corps et des choses,**
comme nous lisons dans le Hexaëmeron cap. 2
pag. 8 : „πάντων τῶν ὄντων τὰς ἀφορμὰς καὶ τὰς
αἰτίας καὶ τὰς δυνάμεις συλλήβδην ὁ θεὸς ἐν ἀκα-
ρεῖ κατουβάλλετο".

S. SEVERIANUS, in Orat. 3. pag. 601.
Op. Chrysostomi, dit : „εἴρηται γὰρ ὅτι τῇ πρώτῃ
ἡμέρᾳ εκ μὴ ὄντων ἐποίησε τὰ πάντα, ταῖς δε ἀλ-
λαῖς ἐξ ὄντων — *Car cela veut dire que
Dieu créa dans le premier jour
toutes les choses du néant, et dans
les autres jours il a produit de nou-
velles choses hors des choses déjà
existantes.*"

2

LE VÉNÉRABLE BEDA, parlant de l'opinion d'Origènes qui, comme nous l'avons déjà dit, **jugeait que la matière informe avait précédé le monde visible**, nie, dans le Lib. 2. de Princip. Cap. I., que la matière puisse exister sans qualités et sans forme. „*Haec tamen materia, quamvis (ut diximus) secundum suam propriam rationem sine qualitatibus sit, nunquam tamen subsistere extra qualitatem invenitur — Cependant cette matière, quoiqu' elle soit sans qualités selon sa propre essence, ne se trouve jamais existante en dehors des qualités*“. — Le vénérable Beda suppose donc **un monde matériel qui a précédé la création des six jours**.

Un grand nombre des SS. Pères et des plus célèbres Théologiens, entre autres S. Basile, Philoponus et Eustathius, s'occupent du mot grec „*ἐν κεφαλαίῳ*“ avec lequel Aquila a traduit le mot hébreu רֵאשִׁית-reschith, au lieu du terme *ἀρχή* dont les Septante ont fait usage.

AQUILA, apud Philoponum lib. 1. de Opificio mundi cap. 4: „ἐν κεφαλαίῳ ἔκτισεν ὁ Θεὸς σὺν τὸν οὐρανὸν σὺν τὴν γῆν — *Au commencement Dieu créa le ciel conjointement avec la terre.*" Aquila trouve le mot „conjointement ou σὺν" dans la particule hébraïque אֶת, qui tantôt a la signification de „conjointement" tantôt celle de „avec."

S. GREGORIUS NYSSENUS, Hexaëm. tom. 1. pag. 7. et **12**, donne au mot „ἐν κεφαλαίῳ" l'interprétation de „conjointement, simultanément"; et nous disons que le terme „ἐν κεφαλαίῳ" est la traduction verbale du mot hébraïque רֵאשִׁית, qui dérive de רֹאשׁ = resch = tête, comme κεφάλαιον dérive de κεφαλή = tête.

———

PETAVIUS, dans le §. 6. cap. 10. Lib. I. de Opif. sex dier. dit: „*In primis autem ante dierum sex initium solam cum aqua terram extitisse credimus, ita tamen ut illa nebulae instar tenuis ac vaporis totum illud supra circumque terram occuparet spatium, quaqua*

2*

versus patet oculorum prospectus. Habet haec opinio fidem ex Mosis narratione, qui ante coelum, id est firmamentum, terram et aquarum abyssum extitisse refert — **Mais nous croyons que, comme première chose et avant le commencement des six jours, il n' existait que la terre et l' eau**; *mais de telle manière que celle-ci occupait, sous la forme d'un fin brouillard et de vapeur, tout cet espace sur la terre et autour de la terre, dans toutes les directions qui sont découvertes à nos yeux.* **Cette opinion est autorisée par la narration de Moïse**, *qui dit qu'* **avant le ciel**, *c' est-à-dire le* **firmament**, *il existaient déjà la terre et l' abyme.*"

PETAVIUS, dans le même chapitre, faisant l' analyse de l' opinion de S. Séverien, dit: "*Ubi primam diem non lucis tantum creatione circumscribit; sed quod ante illam factum est, id eidem tribuit.* **Quod intervallum quantum fuerit nulla divinatio potest assequi.** — *Neque vero mundi cor-*

pora illa, quae prima omnium extitisse docui, aquam et terram, arbitror eodem, in quem lucis ortus incidit, fabricata esse die — **Où il ne circonscrit point le premier jour à l'unique création de la lumière, mais lui attribue tout ce qui a été fait avant elle. On ne peut pas parvenir par aucune conjecture à savoir quelle a été la durée de cet intervalle.** Parce que je crois même que ces corps du monde qui, comme je l'ai déjà dit, existaient avant tous les autres, c'est-à-dire la terre et l'eau, ne furent pas construits dans le même jour avec la lumière."

S. THOMAS D'AQUIN, l'Ange de l'école, le Docteur Angélique, en discutant les opinions des différents théologiens sur la lumière, de laquelle parle le troisième vers de la Génèse, dit dans le Nr. 2. Art. 4. quaest. 67. Summa Theologiae: "*Dicendum, quod quidam dicunt, lucem illam fuisse quandam nubem lucidam,* *quae postmodum facto sole, in materiam prae-jacentem rediit. Sed istud non est conveniens, quia Scriptura in principio Genesis commemorat institutionem naturae quae postmodum perseverat, unde non debet dici, quod aliquid tunc factum fuerit, quod postmodum esse desierit —* Selon ce que quelques-uns disent, cette lumière fut un nuage resplendissant, qui retourna dans la matière déjà existante, dès que le soleil fut fait. Mais ceci n'est pas convenable, **parce que l'Écriture fait mention, au commencement de la Génèse, de la création de la nature, qui continua ensuite constamment**; et c'est pour cette raison qu'on ne doit pas dire qu'une chose eût été faite alors et ensuite annullée."

S. BASILE, dans l'Homilie 6. pag. 70, dit: „τότε μὲν γὰρ αὐτὴ τοῦ φωτὸς ἡ φύσις παρήχθη· νῦν δὲ τὸ ἡλιακὸν τοῦτο σῶμα ὄχημα εἶναι τῷ πρωτογένῳ ἐκείνῳ φωτὶ παρεσκεύασαι — *Parce* qu' alors *(le jour* **un***)* a été faite la nature même de la lumière, et à présent *(le quatrième)* ce corps solaire a été préparé et complété pour devenir le véhicule de cette lumière créée en premier lieu.“ — Ensuite S. Basile appelle cette lumière ἄυλον **immatérielle**, et continue: „καὶ μηδενὶ εἶναι ἄπιστον δοκείτω τὸ εἰρήμενον ὅτι ἄλλο μέν τι τοῦ φωτὸς ἡ λαμπρότης, ἄλλο δέ τι τὸ ὑποκείμενον τῷ φωτὶ σῶμα. πρῶτον μὲν ἐκ τοῦ τὰ σύνθετα πάντα οὕτω παρ' ἡμῶν διαιρεῖσθαι εἴς τε τὴν δεκτικὴν οὐσίαν, καὶ εἰς τὴν συμβᾶσαν αὐτῇ ποιότητα — *Et ce que j' ai dit, ne doit paraître incroyable à personne, parce que* **c'est une chose que la splendeur de la lumière, et une autre que le corps qui lui sert de base.** *Le premier sera évident si nous nous souvenons que nous séparons aussi, de la même manière, toutes les choses en substances et en qualités accidentelles*“.

Théodoret, quaest. 14, est d' accord avec S. Basile.

———

PETAVIUS, Lib. I. cap. 7. §. 5. de Opif. sex dier., dit : „*Nobis consentaneum hoc maxime Mosaicae narrationi videtur, primo die lucem esse conditam, non per se illam quidem atque extra corpus omne consistentem; sed in vastissima illa nebula et vapore quam aquam et abyssum Scriptura nominat — Il nous paraît plus conforme à la narration de Moïse* **que la lumière ait été faite dans le premier jour, et pas indépendante et en dehors de tout corps**, *mais dans l'immense brouillard et vapeur auxquels l'Écriture donne le nom d'eau et d'abyme*".

Junilius et Beda sont de cette même opinion.

Initio tu Domine terram fundasti et opera manuum tuarum sunt coeli —
Vous avez, Seigneur, dès le commencement fondé la terre, et les cieux sont l'ouvrage de vos mains.
Psaume 101. v. 26.

L'opinion des SS. Pères, Docteurs de l'Église, et des plus respectables Théologiens, qui considèrent le premier vers de la Génèse comme l'annonce que le ciel et la terre avaient été créés par Dieu au commencement, sans limiter le temps dans lequel la Puissance Créatrice avait opéré, est dans le plus parfait accord avec les découvertes de la Géologie.

Au commencement Dieu créa le ciel et la terre. Le Géologue, d'accord avec les SS. Pères, peut considérer ce 1er vers de la Génèse comme l'annonce que les éléments matériels avaient été créés dans un temps antérieur aux opérations des six jours. Le commencement est antérieur au **jour un**; et il n'est donné à personne de deviner quelle fut la durée de l'intervalle qui s'est écoulé entre le commencement et le jour **un**, et cet intervalle peut être considéré comme ayant duré le temps nécessaire à la formation des différents terrains que la Géologie a constatés.

Dans le vers **2.** nous avons de nouveau l'affirmation que l'eau existait déjà ainsi que la terre, dépourvue et nue. Dans le vers **9.** Dieu dit encore: „*Que les eaux qui sont sous le ciel*

*se rassemblent en un seul lieu, et que l'élé-
ment aride paroisse.*"

Et ici nous voyons de nouveau que ces deux vers font mention de la terre, dont l'existence est annoncée dans le premier vers, et dont les ténèbres et la submersion temporaire ont été indiquées dans le second.

Les restes pétrifiés des yeux des animaux, trouvés dans les formations géologiques de différentes époques, sont des preuves évidentes de la présence de lumière pendant des périodes très longues et très éloignées. Les yeux des Trilobites, trouvés dans les couches des terrains de transition, sont construits de la manière la plus semblable aux yeux des crustacés; et l'appareil de la vision de l'Ichthyosaurus, rencontré dans le Lias, est semblable à celui qui se rencontre dans beaucoup d'oiseaux. Les têtes des reptiles fossiles et des poissons fossiles, qui se trouvent dans tous les terrains fossilifères, ont les cavités nécessaires pour contenir les yeux, et des perforations pour le passage des nerfs optiques. À la vue de ces fossiles, il est impossible de ne pas acquérir la conviction de ce que les yeux de ces animaux étaient calculés pour recevoir la même lumière qui produit en nous la vision.

Le système de l'émission de la lumière a été inventé par Newton, et pendant très long-temps soutenu par la puissante influence d'un tel nom et par les brillantes idées avec lesquelles il éclaircissait toutes ses créations; mais le savant Hollandais Huyghens, dans son traité de la lumière publié à Leiden en 1690, profitant de l'idée à peine énoncée par Hooke, adopta la théorie des ondulations, et a pu donner une explication du phénomène de la double réfraction, ce que Newton n'avait pas pu obtenir avec son système; et postérieurement les travaux de Sir John Herschel, et les découvertes du Docteur Young, et les magnifiques expériences de Fresnel, ont produit l'abandon presque général du système de l'émission, incapable d'expliquer beaucoup de phénomènes, qui tous trouvent une explication dans le système des ondulations. Toutes les découvertes modernes nous font persuader que la lumière n'est pas une substance matérielle, mais simplement l'effet des ondulations

de l'éther, lequel, élastique et infiniment subtil,
remplit l'espace et même l'intériéur de tous les
corps. Pendant que l'éther est en repos, l'obscurité est totale; aussitôt qu'il se met dans un
état péculier de vibration, la sensation de la lumière est produite. Cette vibration peut être ex-
citée par différentes causes, telles comme le soleil, les étoiles, l'électricité, la combustion, etc.
Or, si la lumière n'est pas une substance, mais
uniquement un état accidentel, une série de vi-
brations de l'éther, c'est-à-dire l'effet produit
sur le fluide subtil par l'excitation d'une ou de
plusieures causes étrangères; le 3me vers de la
Génèse ne pouvait pas dire, et ne dit pas, autre chose si non que la lumière fût mise en
action, comme l'expriment évidemment les mots
du texte hébraïque, la traduction des Septante
et la Vulgate. וַיֹּאמֶר אֱלֹהִים יְהִי־אוֹר וַיְהִי־אוֹר
= *va yomer elohim: yehi or va yehi or* — est
le troisième vers de la Génèse. — יְהִי = yehi *)

---

*) Le Professeur de Théologie Gesenius à l'univer-
    sité de Halle, un des savants qui par ses travaux

est l'apocope de יִהְיֶה = yiheyeh, futur du verbe הָיָה = hayah, qui dérive de הָוָה = havah = **ca-dere,** tomber. L'idée radicale du verbe הָיָה = hayah est conséquemment **tomber, ca-dere**; et ainsi ce verbe hébraïque correspond parfaitement au verbe latin „**accidere**,“ de

philologiques a le plus contribué à l'état approfondi dans lequel se trouve aujourd'hui la langue hébraï-que, en l'établissant sur des bases fermes et as-surées; ainsi que M. H. Ewald, auteur de plusieurs profonds écrits et d'une excellente Grammaire sur la langue hébraïque, (qui est déjà dans sa cin-quième édition) font usage du—j—à la place de la lettre — י —. Mr. Pusey, Professeur de langue hé-braïque à l'université d'Oxford, (célèbre par les in-novations qu'il veut introduire dans l'Église angli-cane) emploie le — y — au lieu de la même lettre. Nous adoptons le — y — de préférence au — j —, parce que, suivant la prononciation hébraïque, les deux premières lettres du mot יְהִי = yehi doivent être lues séparemment, sans former syllabe. Et il n'y a pas la moindre discrépance entre ces deux Professeurs, parce que le lecteur allemand en trou-vant — jehi — prononcera de la même manière que le lecteur anglais qui rencontre — yehi — .

manière que le verbe hébraïque contient en lui l'idée **d'accidentel.**

הָיָה = hayah a les significations suivantes:

1°· arriver, devenir. Exode Ch. 32. v. 1.
2°· avoir. Exode Ch. 20. v. 3.
3°· devenir quelque chose en se transformant. Exode Ch. 4. vv. 3. 4.
4°· servir à quelque chose. Exode Ch. 4. v. 16. — Numerus Ch. 10. v. 31. — Isaïe Ch. 44. v. 15.
5°· circonscrire le futur. Numerus Ch. 8. v. 11.
6°· circonscrire le passif. Deutéronome Ch. 31. v. 17.
7°· s'adonner à quelque personne ou chose, tomber en partage. Deutéronome Ch. 24. v. 2. — Jérémie Ch. 3. v. 1.

יְהִי = yehi correspond dans tous les sens au terme allemand „**werden.**" Tous les deux expriment la transformation ou le passage d'une chose d'un état à un autre, et tous les deux, rigoureusement examinés, sont très loin d'exprimer la création dans le sens rigoureux de ce mot.

Le **fiat**, de la Vulgate lui correspond parfaitement, comme nous démontrerons plus loin.

Toutes les acceptions dans lesquelles le verbe הָיָה = hayah se trouve employé dans l'Écriture sainte, et que nous venons de mentionner, démontrent plutôt un état de développement accidentel que la création d'une nouvelle substance.

Éclairer, illuminer, réjour, allumer, brûler, sont les significations du verbe אוֹר = or, auquel correspond le substantif אוֹר = or, qui se trouve employé comme:

1º lumière et vie. Job Ch. 3. vv. 16 et 20. — Psaume 55. v. dernier.
2º la pointe du jour. Job Ch. 24. v. 14.
3º félicité. Job Ch. 22. v. 28.
4º illumination de l'esprit, illustration, révélation. Proverbes Ch. 6. v. 23. — Isaïe Ch. 2. v. 5; Ch. 49. v. 6; Ch. 51. v. 4; Ch. 60. v. 3.
5º sérénité et grâce. Proverbes Ch. 16. v. 15.
6º feu. Ezech. Ch. 5. v. 2.

Le pluriel de ce terme, (de אוֹר = or ou אור = ur, qui est la même chose) אוּרִים ou

אֻרִים = Urim, se trouve dans l'Écriture presque toujours avec l'apposition וְתֻמִּים = ve-thumim; et la signification en est: révélation et vérité, *δήλωσις καὶ ἀλήϑεια* selon la traduction des Septante.

L'article est une partie du discours dans la langue hébraïque, comme dans la langue grecque; et si une traduction du latin dans une langue néo-romaine *) peut admettre ou ne pas employer l'article, parce qu'il n'éxiste pas dans la langue latine; la chose est toute autre quand on traduit de l'hébreu ou du grec.

Le troisième vers de la Génèse dans l'original hébraïque, comme dans la traduction des Septante, n'a pas l'article, dont a fait usage le Révérend Père Antonio Pereira dans sa traduction du troisième vers de la Génèse. Cette omission de l'article dans l'original hébraïque est

---

*) Ce terme a été adopté par les philologues allemands dans la classification des langues, et comprend les langues portugaise, espagnolle, française, italienne et valaque, qui sont considérées comme filles de la langue latine.

sans aucun doute de la plus grande importance; et elle a été reconnue par les **72** Interprètes, envoyés par le suprême Pontife Éléazar à Ptolomée Philadelphe, qui ont fait la traduction de l'Ancien Testament dans l'île de Paros, et qui, pleins de scrupules, ne firent pas usage de l'article dans la traduction du troisième vers de la Génèse.

Nous avons déjà dit que יְהִי = yehi est le futur de הָיָה = hayah, dont la signification radicale correspond au verbe latin „**accidere**,“ lequel dérive de „**cadere**“ comme הָיָה dérive de הָוָה = cadere. L'idée d'accidentel se contient conséquemment dans le sens radical de ce mot, comme l'étymologie le démontre. Nous avons également fait voir les significations que ce terme a dans les différentes parties de l'Écriture, où l'on rencontre très souvent répété: „וַיְהִי כְ‎, וַיְהִי = *il est arrivé que*“ le même que — καὶ ἐγένετο ὅτι du Nouveau Testament —; et toutes les significations expriment une modification de l'état ou de l'action de quelque être

Nous voyons donc que, non seulement d'après l'étymologie mais selon l'usage, le mot **yehi** indique un acte de développement, et pas un acte de production primitive d'une chose qui n'existait pas antérieurement; parce que les deux acceptions d'accidentel et de transformation, qui existent incontestablement dans le mot יְהִי = yehi, sont

des attributs par excellence de la métamorphose, ou, pour parler plus clairement, sont les attributs du fini et du passager, comme l'essence et la création, qui produit du néant, sont les attributs de l'Infini et de l'Éternel. Le mot יְהִי = yehi ne contient nullement ces deux

attributs, ce qui nous semble une preuve, un caractère de l'incompréhensible sagesse qui se manifeste dans la Génèse, indicant l'apparition de la lumière par un mot dont le sens est l'accidentel, la transformation, c'est-à-dire les attributs du fini et du passager, faisant voir par cela qu'aussi bien la lumière comme toutes les autres formes, que nous apercevons par elle, ne sont plus que des actes ou apparitions passagères, comme la lumière elle-même.

Le mot וַיְהִי = yehi, par tout ce que nous
venons d'exposer, indique que la lumière est un
acte de développement de la matière, acte que la
matière fit par ordre de Dieu, et non une substance nouvelle. Cette assertion reçoit une bien
plus grande force, dès que l'on considère que
c'est le même mot et la même forme du mot
hébraïque qui exprime le „**flat**" et le „**facta
est**;" puisque Moïse emploie au lieu de ces deux
mots le même וַיְהִי = yehi.

Nous jugeons nécessaire d'entrer dans l'exa-
men des traductions du **3**ᵐᵉ vers de la Génèse
dans les trois langues-mères qui par rapport
au Christianisme ont le plus d'importance sur la
terre: la **grecque**, la **latine** et **l'allemande**; afin de prouver que la lumière n'est pas
une substance nouvellement créée dans le jour
un, mais un développement de la matière, et
par conséquent une qualité accidentelle.

Les Septante et les Grecs ont traduit le
וַיְהִי = yehi du troisième vers par γενηθήτω,
impératif de γένω = engendrer. De cela il est

évident que ce mot exprime un acte de la matière qui se fait successivement dans le temps, et par l'action d'une matière créée sur une autre matière également créée. Outre cela, on trouve aussi ce même mot très souvent employé par les auteurs grecs pour indiquer un évènement accidentel; et même dans le Nouveau Testament on trouve souvent: *καὶ ἐγένετο ὅτι* — *il arriva que*, et dans l'Évangile selon saint Jean 14, 22: *τί γέγονεν ὅτι* — *qu'arriva-t-il que...?*

THÉODOTION a traduit le premier vers du Chapitre **2** de Daniel, dans lequel se trouve le verbe הָיָה = hayah, par *ἐγένετο ἀπ' αὐτοῦ*, que la Vulgate traduit par — *fugit ab illo* — (le sommeil); ceci prouve que le verbe *ἐγένετο*, aussi bien que le verbe הָיָה = hayah, infinitif de יְהִי = yehi, n'exprime pas une chose essentielle mais accidentelle au point que, outre l'idée de paraître, il a aussi l'idée de disparaître, ayant si peu de valeur par soi-même que le sens dépend du rapport dans lequel il se trouve avec les autres mots.

Le latin „**flat**“ est vraiment le passif de „**facere**,“ et on l'emploie à la place de **faciatur**, dont on ne fait pas usage. Nous observerons d'abord que **facere** n'est pas **creare**, et qu'il est même inférieur à **generare**, qui exprime au moins une activité vigoureuse de la nature. **Facere** exprime une action qui consiste dans le simple changement de forme de la matière, et une action accidentelle et extérieure; **generare** et encore plus **creare** expriment une action essentielle et intérieure. C'est par cette raison que les Latins appliquent le mot **facere** de préférence aux actions de l'homme; et c'est pour cela que tous les mots dérivés du verbe **facere** expriment seulement une qualité secondaire et très souvent indigne et fausse, ex. g. „Deus factitius;“ „Poeta non fit sed nascitur.“ Dans ce dernier exemple on voit clairement que le **fit** est manifestement inférieur au **nascitur**, et exprime le résultat d'un travail. Par le sens intime du mot, qui est aussi celui de modification et de transformation, la traduction du vers 3. de la Génèse dans la Vulgate correspond beaucoup mieux à l'original hébraïque que la traduction des Septante, et fixe positivement la nature accidentelle de la lumière.

La traduction allemande *„es werde Licht und es ward Licht"* exprime mieux qu' aucune autre traduction dans les langues que nous connaissons, le sens de יְהִי = yehi, dans le 3. vers de la Génèse. Le „werde" sert de même que le mot „יְהִי" = yehi" à paraphraser le futur et le passif, exprime le développement lent et successif de la nature, et non pas l'origine de la matière nouvelle. En allemand, toutes les fois qu' un corps reçoit une modification ou un changement, on dit „wird", ce qui serait facile de prouver par des milliers de phrases.

La démonstration que nous venons de faire, prouve la parfaite concordance qui existe entre la Vulgate, la traduction des Septante et le texte hébraïque, ainsi que la parfaite harmonie entre le 3. vers de le Génèse et les découvertes des sciences. Cette explication si naturelle, si apparente, si vraie, réduit au néant et fait absolument disparaître le plus grand et le plus fort des arguments dont l' incrédulité s' est servie, et qu'elle a si souvent et si hautement proclamés; parce qu'elle détruit la contradiction qui résultait de dire que la lumière qui provenait du soleil avait été créée le premier jour, en même temps qu'on affirmait que le soleil, sans lequel elle ne pouvait pas exister, avait été créé le quatrième.

Croyant avec les SS. Pères que les ténèbres, mentionnées dans le vers **2**, étaient une obscurité temporaire, qui provenait d'une accumulation de vapeurs sur la superficie de l'abyme; un commencement de dispersion de ces vapeurs peut avoir permis de nouveau l'admission de la lumière sur la terre dans le jour **un,** donnant passage aux ondulations de l'éther, mis en vibration par une cause quelconque.

La rapidité avec laquelle on parle, dans le vers **16**, des étoiles, chacune desquelles est, peut-être, le centre d'un système planétaire, en même temps que mention spéciale est faite du petit satellite de la terre, semble être seulement en rapport à notre Planète; et nous laisse voir aussi que les phénomènes astronomiques sont passés en silence ainsi que ceux de la Géologie, parce qu'ici le but principal était d'annoncer au peuple hébreu qu'Un seul Dieu était le Créateur de toutes les choses.

En comparant la démonstration philologique que nous avons faite avec la traduction portugaise de la Vulgate, un corollaire de la plus grande importance se nous présente encore. Qui oserait mettre en doute, et les connaissances, et les sentiments religieux du **REVÉREND PÈRE ANTONIO PEREIRA?** Eh bien, malgré ses éminentes qualités, il se laisse entraîner à son insu par l'harmonie du langage; et ainsi comme il a traduit „*dies unus*" par „*jour premier*", il traduit aussi le „*Fiat lux*" par „*Faça-se a luz!*" Le jour **un** marque une époque sans exclusion de l'idée de jours qui précédèrent; le **premier** jour exclut l'idée de jours antérieurs. Le „Faça-se luz" indique l'apparition de la lumière déjà existante; le „*Faça-se a luz*" donne l'idée de la création de la lumière. En présence de ce que nous venons d'exposer, y aurait-il encore quelque individu qui ose nier la nécessité absolue, et qui puisse s'empêcher de respecter et admirer la raison et la justice, avec lesquelles les Souverains Pontifes ont toujours, dans leur sublime sollicitude pour la pureté de la religion, prohibé la circulation arbitraire des traductions de la Vulgate ? Nous répéterons ici, ce que nous avons déjà dit ailleurs, que les lois de Jésus-Christ sont les premières, mais que celles de l'Église, quoique les secondes, n'ont pas moins de droit à la rigoureuse obéissance des Fidèles. C'est cette conviction qui nous fait abstenir d'émettre un désir, que l'étude combinée de ces matières avec les sciences naturelles a fait naître en nous; et nous suivrons le cours de nos observations sur le premier chapitre de la Génèse.

La terre a produit des plantes, des arbres; après les eaux furent peuplées; aux poissons survinrent les oiseaux; après ceux-ci furent créés les quadrupèdes et les autres animaux terrestres, et finalement l'homme. Tel est l'ordre de la création que le livre de Moïse nous annonce. Et que nous dit la science? La science nous présente aujourd'hui, avec la plus grande évidence, la même succession dans l'ordre de la création que Moïse a décrite dans le 1. Chapitre de la Génèse

Les formations des diverses époques ne diffèrent pas seulement entr'elles par leur nature, par leur contexture et par leur plus ou moins de généralité; mais elles diffèrent entr' elles de la manière la plus notable par les restes et par les vestiges des êtres organisés qu' elles renferment.

Les premiers de ces restes ou vestiges, qui se rencontrent selon l' ordre d' antiquité des formations, sont des Fucoïdes, Équisétacées, Fougères (desquelles on recontre 35 genres fossiles), Palmiers, Araucarias, etc.; et du règne animal des Radiaires, Madrépores, Coraux et après des Poissons; c' est dans le vieux grès rouge qu' on découvre les premiers vestiges des animaux vertébrés. Dans les couches postérieures on rencontre en abondance l' ordre des Sauriens, d' une structure extraordinaire et d' une grandeur gigantesque, et les oiseaux. Après les oiseaux, dans la dernière des grandes formations calcaires, on rencontre pour la première fois les vestiges des Mammifères; mais ce sont encore des Mammifères marins, tels comme les Phocas et les Lamentins. Les Mammifères terrestres, les Quadrupèdes proprement dits, se trouvent seulement après, dans les couches postérieures, tels sont: les Lophiodon et les Palaeotherium, et encore après ceux-ci les Anoplotherium du gypse de Paris, où l'on trouve aussi le Palaeotherium. Ainsi nous avons d'abord des Plantes et après des Poissons, ensuite des Oiseaux et plus tard des Quadrupèdes; et dans aucune des formations dans lesquelles se trouvent les restes ou vestiges de ces êtres organisés, on ne trouve pas des restes ou des vestiges de créature humaine; et par conséquent la création de l'homme a été postérieure aux Quadrupèdes: le Tout dans la plus parfaite conformité avec la description de Moïse.

Cette non-apparition de restes fossiles de l'homme dans les terrains antédiluviens, et même dans les terrains diluviens qui ont été examinés jusqu'à présent, a servi d'argument pour chercher ailleurs la contradiction entre l'Écriture sainte et les découvertes des sciences, qu'on voulait trouver aussi dans le 1. Chapitre de la Génèse, voulant prouver par cela que l'homme n'existait pas sur la terre quand le Déluge universel eut lieu.

Dans les os trouvés à Canstadt, il y a un fragment de mâchoire humaine et quelques produits artificiels; mais nous ne voulons pas passer pour moins scrupuleux que Cuvier et, craignant avec lui que les terrains aient été fouillés avec peu de précaution, nous abandonnerons ce fait. Nous n'insisterons pas non plus à faire croire que les os fossiles que Spallanzani a trouvés, dans l'île de Cerigo, soient des os humains, malgré la très respectable autorité de ce fameux et célèbre observateur. Nous ne doutons pas que l' „homo diluvii testis de Scheuchzer" soit une salamandre, et que les Fossiles humains dont le Journal de Marseille et des Bouches-du-Rhône, des 27. sept. 25. octob. et 1. novemb. 1820, a parlé, soient également des cadavres tombés dans les fentes, ou restés en d'anciennes galeries de mines, ou induits d'incrustations; nous ne parlerons pas des squelettes humains, plus ou moins mutilés, trouvés près du port de Moule à la côte nord-ouest de la grande terre de la Guadaloupe, deux desquels nous avons vus en Europe, un à Londres dans le Musée britannique, l'autre à Paris dans le Cabinet du Roi; nous ne dirons rien des découvertes faites près de Koestriz et éclaircies par le respectable savant Schlotheim;

et nous concédons sans hésiter que, dans les couches régulières des terrains examinés jusqu'à présent, on n'a pas trouvé d'ossements humains fossiles ni des ouvrages de l'homme; et nous savons que les os humains se conservent aussi bien que les os des autres animaux, dans des circonstances identiques. Mais cela ne prouve nullement que l'homme n'existât sur la terre quand le Déluge universel eut lieu.

Cuvier, dans son discours sur les révolutions de la surface du globe, page **142**, sixième édition française, nous dit: „*Tout porte donc à croire que l'espèce humaine n'existait point dans les pays où se découvrent les os fossiles, à l'époque des révolutions qui ont enfoui ces os; car il n'y aurait eu aucune raison pour qu'elle échappât toute entière à des catastrophes aussi générales, et pour que ces restes ne se trouvassent pas aujourd'hui comme ceux des autres animaux: mais je n'en veux pas conclure que l'homme n'existait point du tout avant cette époque. Il pouvait habiter quelques contrées peu étendues, d'où il a repeuplé la terre, après ces évènements terribles; peut-être aussi, les*

lieux où il se tenait ont-ils été entièrement aby-
més et ses os ensevelis au fond des mers actu-
elles, à l' exception du petit nombre d' indivi-
dus qui ont continué son espèce."

Mais la possibilité que les régions que l'homme habitait soient submergées n' est pas une
idée nouvelle, ce n' est pas une supposition
gratuite de Cuvier; puisque, si la science nous
prouve que les régions que l'homme occupe
maintenant ont été autrefois des mers, que les
mers occupent aujourd'hui des lieux que les hommes ont habités, est une assertion de Moïse, qui,
dans le chapitre 14 de la Génèse vers 3, nous dit:
„Tous ces rois s' assemblèrent dans la vallée
des Bois, qui est maintenant la mer Salée".
Or, s' il est très possible que toutes les régions
que l' espèce humaine habitait, au moment où le
déluge eut lieu, fussent entièrement submergées
et que les ossements humains soient enfouits au
fond des mers actuelles, qui occupent presque
quatre cinquièmes de la surface de notre globe,
et si la partie de la superficie de la terre qui a
été jusqu' à présent observée est bien petite, en
comparaison de la partie qui n' a pas jusqu' à pré-

sent été examinée par les géologues; personne de bonne foi ne pourra trouver dans le fait de la non-découverte d'os humains ou de vestiges de fabrications de l'homme, dans les terrains diluviens et antédiluviens jusqu'à présent observés, le moindre argument pour soutenir, ou motif pour croire, que l'homme n'existait pas quand le grand cataclysme eut lieu.

Il nous semble n'avoir oublié aucun des principaux arguments qui à différentes époques ont été dirigés contre la divine origine de la Bible en conséquence des découvertes des sciences naturelles, et avoir démontré que la Géologie s'élève comme un monument éternel, dans lequel est gravée, avec des caractères impérissables, la parfaite coïncidence de la Génèse avec les observations sur la nature et sur la formation de notre globe. Kepler, le plus grand des Astronomes, qui a ouvert la route que Newton a suivie, et qui, après le travail le plus assidu de trente années consécutives, a obtenu de formuler les Loix suivantes: 1°· que les planètes se meuvent dans un orbe elliptique, dont le centre du soleil occupe un des foyers, 2°· que les

rayons vecteurs décrivent des aires proportion-
nelles aux temps, 3°· que les carrés des temps
des révolutions planétaires sont proportionnels
aux cubes des grands axes de leurs orbites re-
spectives; ce grand homme, qui, comme dit
Mr. Belfield - Lefevre, „*fut le plus grand des
astronomes parce qu'il fut l'homme le plus
fermement croyant*" parlant de la prétendue
contradiction entre le système de Copernic et
la Bible, dit: „*L'Astronomie montre les causes des choses naturelles, et sa profession
est l'investigation des illusions optiques. La
Bible, qui enseigne des choses plus élevées,
fait usage de la manière commune de parler,
afin d'être comprise; elle parle seulement en
passant des choses naturelles selon leur apparence, puisque c'est sur leur apparence,
que le langage de l'homme est construit. Et
la Bible parlerait de la même manière, même
quand tous les hommes connussent ces illusions optiques, parce que nous-mêmes, astronomes, nous ne suivons pas la science avec
le désir de changer le langage commun; mais
nous voulons ouvrir les portes de la vérité,*

sans faire la moindre altération dans la manière ordinaire de parler. Nous disons selon le langage populaire „les étoiles sont fixes, les planètes se lèvent, le soleil se couche;" nous employons ces formes de langage comme le peuple; mais nous entendons uniquement que c'est comme cela que les phénomènes se nous présentent, quoiqu'en réalité la chose ne soit pas comme cela; et sur ceci nous (les astronomes) sommes tous d'accord. Or, si nous, qui nous adressons aux personnes initiées dans la science, ne faisons pas d'altération dans la manière usuelle de parler; comment pourrions-nous exiger que l'Écriture de divine inspiration, mettant de côté la manière habituelle de parler, formulât ses mots d'après le modèle des sciences naturelles, et par l'emploi d'une phraséologie obscure et impropre, à l'égard de choses qui outre-passent la compréhension de ceux qu'elle voulait instruire, mît en perplexité le peuple simple du Seigneur, en lui obstruant le chemin qui devait conduire au but plus élevé qu'elle lui destine?"

Si les observations que nous venons de faire, ne s'opposent point à l'esprit de l'Écriture sainte, et se trouvent même en parfaite conformité avec le texte hébraïque, avec la traduction des Septante et avec la Vulgate, et identiques avec les opinions des plus respectables Théologiens et des plus grands Saints de l'Église de Dieu, et si elles prouvent, comme nous croyons, la parfaite coïncidence entre la narration de Moïse et l'observation des phénomènes naturels, phénomènes à la connaissance desquels on a pu seulement arriver par les immenses progrès que les sciences ont fait dès le siècle passé, phénomènes qui furent pendant long-temps et par des philosophes de tous les temps jugés contradictoires, donnant ainsi la preuve la plus évidente de la divine origine de ce code sacré ; je crois qu'on ne doit pas avoir le moindre scrupule dans l'adoption de ces idées, qui annihilent complètement les plus forts arguments dont l'incrédulité s'est servie, dans ses impuissants et inefficaces efforts, pour prouver l'incongruité de la narration de la Génèse avec les phénomènes naturels. Et s'il serait injuste d'attribuer peu de scrupule ou manque de réflexion aux anciens Théologiens qui ont soutenu des hypothèses contraires à celle que nous avons adoptée, parce que dans leur temps on ignorait un nombre immense de phénomènes qui ont été observés depuis; cette même ignorance de ces phénomènes nous remplit d'admiration pour la perspicacité et la profonde conception des autres qui ont soutenu des hypothèses différentes. Qui ne s'étonne pas, par ex. de voir **S. BASILE** LE GRAND, mort le 1er Janvier 379, soutenir déjà que la lumière était un état accidentel et non un corps indépendant, opinion que, quatorze siècles plus tard, les sciences ont prouvé être la véritable. Et nous ne pouvons pas nous passer de **réclamer à la gloire et à l'honneur de ce grand Saint Docteur de l'Église la priorité d'une telle idée**, qui jusqu'ici a été constamment attribuée à Descartes *) et à Hooke.

---

*) Si nous disputons à Descartes la priorité de cette idée, en l'honneur de S. Basile, nous lui rendons la justice de croire qu'il est le véritable auteur de la théorie de la chaleur centrale de la terre; puis-

Le travail que nous nous sommes donné,
l'étude que nous avons faite pour la satisfaction
de notre raison et de notre conscience, a produit
en nous la plus sincère admiration pour la simpli-
cité et pour la pureté du langage employé par
Moïse, qui, approprié à l'intelligence de l'homme dépourvu d'instruction, est en même temps
si admirablement conçu que, loin de mettre des
obstacles au développement progressif de l'esprit
humain, il semble lui tracer, **même dans les
sciences,** le chemin qu'il doit suivre. Cette
étude nous a aussi fait acquérir la conviction que
plusieures des hypothèses admises par quelques-
uns des anciens théologiens, opposées à celles des
autres que nous avons adoptées, ont été introdui-
tes par la philosophie grecque égarée, philosophie trés souvent condamnée par les Grecs eux-
mêmes. Et, s'il nous restait encore quelque doute
relativement à l'influence des systèmes astronomi-

---

qu'il soutint que le centre de la terre est occupé par
le feu ou la lumière, enveloppée d'une couche de
matière moins subtile, laquelle est contenue par la
croûte opaque.

ques sur les hypothèses et sur les interprétations
auxquelles nous faisons allusion, le chapitre 7me.
du livre 1er. de Opificio de **JOANNES PHI-
LOPONUS** nous donnerait la preuve la plus
évidente. Donnant dans ce chapitre la raison par
laquelle personne ne doit s'étonner de ce que
David, dans le Psaume 101, parle seulement du
ciel qui doit périr, il dit: „ὡς οὐδὲ τῶν πρὸ Πτο-
λομαίου, καὶ Ἱππάρχου μαθηματικῶν οὐδὲ εἰς
τὴν ἐνάτην καὶ πασῶν ἔξωθεν σφαῖραν ᾔδει τὴν
ἄναςρον — *Parce qu' avant Ptolomée et Hip-
parche, aucun des mathématiciens n' avait con-
nu la neuvième sphère (céleste), privée d' étoiles
et placée hors de toutes les choses.*"

Aujourd' hui, que la science a démontré la
nullité des anciens systèmes *) astronomiques, il

---

*) Même l' éloquent Cicéron était d' opinion que le ni-
veau de la mer était plus élevé que la superficie de
la terre, comme on voit dans le passage suivant:
lib. 2. de natura Deorum, „*Mare cum supra terram sit, medium terrae locum expetens, congre-
gatur undique aequaliter, neque redundat neque
effunditur —*".

répugne à la raison, il serait injuste et même ir-
réligieux de vouloir conserver l'erreur, en soute-
nant des hypothèses combattues par les premiers
Saints et Théologiens, et donner à la sublime sim-
plicité des paroles de Moïse une interprétation
forcée. Nous sommes entièrement convaincus que
le zèle le plus ardent pour la religion, et le désir
de vouloir mettre d'accord la narration de la Génèse avec les phénomènes de la nature, a donné
origine à ces hypothèses, et que l'interprétation
erronée des phénomènes a eu une puissante influence dans la manière par laquelle ces hommes
respectables ont envisagé la narration sublime du
Législateur ancien. Mais anjourd'hui heureusement, il est possible d'apprécier la perfection du
travail de S. Jérôme dans sa traduction de la Bible, et d'admirer la sagesse de S. Grégoire, 1er.
Pape de ce nom, ainsi que celle du concile de
Trente, dans l'exclusive admission de la Vulgate.
Aujourd'hui heureusement, l'état des sciences
est tel que les phénomènes qui ont reçu des ex-
plications claires et positives, sont dans la plus
parfaite concordance avec les paroles originaires
de la Génèse dans le texte hébraïque, et avec

la Vulgate. Oui, pénétrés de la plus profonde conviction, nous répétons: La Bible est la parole de Dieu; les phénomènes naturels émanent de Dieu; entre la parole de Dieu et le résultat des découvertes sur la nature de son ouvrage, la divergence est impossible. Et si quelque phénomène étranger venait de nouveau à se montrer, et qu'il ne nous soit pas donné de trouver sa concordance avec l'Écriture inspirée; pour l'amour de l'humanité, pour l'amour de la vérité, pour l'amour du Dieu Créateur que nous tous adorons, ne cherchons point par des interprétations aventureuses et hasardées à circonscrire, à limiter, à contraindre, à forcer, l'Écriture de divine inspiration. Laissons-la dans sa pureté; et soyons parfaitement convaincus que la cause de la discordance n'est pas dans l'Écriture sainte, mais dans la fausse interprétation du phénomène, et qu'un jour viendra dans lequel l'état de la science rendra de nouveau culte à la même Écriture démontrant sa merveilleuse exactitude.

Le grand Kepler termine son plus important ouvrage avec la prière suivante: „Il ne me reste à présent qu'à lever, de la table de mon travail,

les mains et les yeux vers le Ciel, et à diriger
humble et dévotement mes prières au Père des
lumières. O Toi, qui par la lumière de la nature
allumes dans nos coeurs l'ardent désir de la lumière de la grâce, afin de nous transporter par
elle dans la lumière de la gloire, je te rends grâce, o Seigneur et Créateur, pour avoir permis
que, enveloppée dans l'admiration de ton ouvrage,
mon âme ait pu se réjouir dans l'étude de la création. Vois, j'ai ici complété l'ouvrage de ma vo-
cation, avec toute la force intellectuelle que Tu
m'as donnée. J'ai proclamé les louanges de tes
ouvrages aux hommes, qui liront leurs évidences,
autant que mon esprit fini pouvait comprendre
de leur infinité. Mon esprit s'efforça, autant qu'il
lui fut possible, pour arriver à la vérité par la
philosophie; mais si quelque chose indigne de Toi
est enseignée par moi, un ver né et nourri dans
le péché, montre-la moi, o Seigneur, afin que
je puisse la corriger. Ai-je été séduit, entraîné
par l'admirable beauté de tes ouvrages, jusqu'à
la présomption? Ai-je cherché ma gloire parmi
les hommes dans la construction d'un ouvrage
désigné a ton honneur? Ah, alors pardonne-moi

par ta miséricorde, et finalement concède-moi par ta Grâce que cet ouvrage ne puisse jamais devenir préjudiciable, mais qu'il puisse contribuer à ta Gloire et au salut des âmes." — C'est possédé d'un tel sentiment et — **salva fidei regula** — que les observations ci-dessus ont été écrites. —

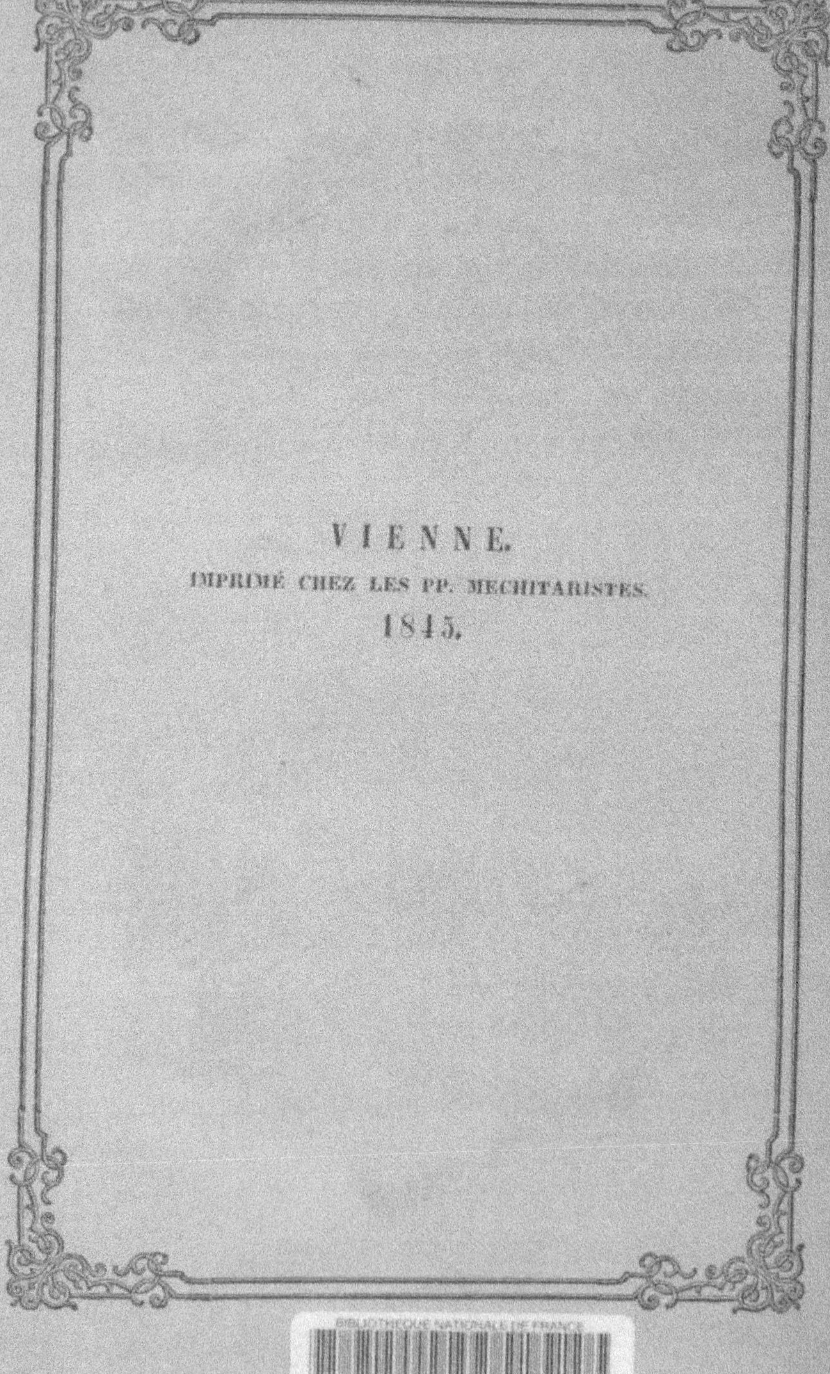

VIENNE.
IMPRIMÉ CHEZ LES PP. MÉCHITARISTES.
1845.

www.ingramcontent.com/pod-product-compliance
Ingram Content Group UK Ltd.
Pitfield, Milton Keynes, MK11 3LW, UK
UKHW022125170726
13837UKWH00003B/1369